AF563162

RÉFLEXIONS

SUR LA SOCIÉTÉ

DES

AMIS DE LA LIBERTÉ DE LA PRESSE,

ET AUTRES COMITÉS;

PAR M. GABRIËL V***.

Je suis Français, et non d'aucun parti.

PARIS.

PONTHIEU, LIBRAIRE, PALAIS-ROYAL,
GALERIE DE BOIS, N° 201.

1819.

RÉFLEXIONS

SUR LA SOCIÉTÉ

DES

AMIS DE LA LIBERTÉ DE LA PRESSE,

ET AUTRES COMITÉS.

FIGARO dit, en parlant des jeunes filles : Voulez-vous donner de l'esprit à la plus sotte? enfermez-la. On pourrait également dire : Voulez-vous donner de la vogue à un ouvrage? faites-le saisir. Voulez-vous donner de l'importance à une réunion? faites-la défendre. Et c'est justement ce qui vient d'arriver pour la Société des amis de la liberté de la presse.

On ne peut se dissimuler que la mesure prise contre elle, ne serve au contraire à la consolider, à lui acquérir une importance qu'elle n'avait pas, une durée qu'elle n'aurait peut-être pas eue, et une influence qu'elle était loin d'avoir.

Cette mesure va ranimer le zèle et l'ardeur de ses membres les plus indifférens; car il est de certaines défenses, de certaines punitions qui irritent au lieu de corriger, et qui excitent la révolte plutôt que le repentir. C'est ainsi que la persécution fit des héros, des saints et des fanatiques.

Cette mesure fera encore naître des réclamations; ces réclamations donneront naissance à des discussions, et cette lutte avec l'autorité sera plus scandaleuse qu'utile.

Qu'on se rappelle qu'en attaquant la loi sur les élections, on excita une rumeur et un mouvement général; les gens les moins intéressés au maintien de cette loi y prirent le plus de part, ils se crurent les plus lésés, et défendirent un droit qu'ils n'avaient pas, mais dont ils jouissaient en espérance; on réveilla des haines, on fit naître des écrits incendiaires, on troubla la tranquillité de l'Etat, on motiva un des grands actes du pouvoir royal, la nomination de cinquante pairs, et on appela des pétitions collectives de tous les points de la France : ces pétitions révélèrent à leurs signataires un droit qu'ils ne se connaissaient pas, et qui les flattait d'autant plus qu'ils en jouissaient pour la première fois. Dès-lors, une affluence d'autres pétitions sur des objets différens se succéda avec rapidité, et vint inonder les Chambres.

C'est ainsi que, par de fausses mesures ou des craintes ridicules, on enfante souvent des maux beaucoup plus grands que ceux que l'on voulait prévenir. Il faut, en politique, savoir faire des concessions suivant les circonstances et les temps; car, plus on aura été indulgent, et plus on aura le droit d'être sévère.

Il était bien plus sage, suivant nous, ce ministre auquel on vint annoncer, comme une chose qui méritait toute son attention, que beaucoup d'individus portaient des œillets rouges à leur boutonnière, et qui répondit : Eh mon Dieu, laissez-les faire, ils n'en porteront pas cet hiver. C'est avec une telle indifférence qu'on devrait traiter toute société qui n'offre pas plus de danger que n'en présente celle des amis de la liberté de la presse.

Sous un Gouvernement despotique et arbitraire, de pareilles réunions peuvent être à craindre, et dangereuses pour le pouvoir; car elles tendent à l'affaiblir ou à le renverser, et elles ont d'autant plus d'influence et de force, que tous les citoyens sont intéressés à leur succès; mais, sous un régime constitutionnel et libéral, où les droits de chacun sont assurés et maintenus par les lois, ces sortes de réunions ne pouvant plus offrir aucun point de contact, aucun motif d'intérêt, aucunes garanties à la nation, ne présentent par conséquent nul danger pour le Gouvernement. On reconnaît aujourd'hui le ridicule de la terreur qu'on ressentit ou qu'on feignit d'éprouver, dans les dernières années, à la découverte de ces prétendues associations, de ces sociétés secrètes, et de ces conspirations de tous les genres : on gémit sur les maux que cette funeste erreur fit naître, sur le sang qu'elle fit répandre, sur les victimes qu'elle fit immoler. Profitons donc des leçons du malheur, et ne donnons plus aux choses une plus grande importance qu'elles ne le méritent réellement.

C'est donc à la sagesse des magistrats qu'il appartient de distinguer les circonstances où il faut se taire ou parler, rester immobile ou agir, pardonner ou punir.

S'il est des fautes que l'on doive prévenir, il en est d'autres aussi que l'on doit laisser commettre, avant d'infliger le châtiment; car, plus la faute sera grave, plus la punition sera forte; et par conséquent plus l'exemple sera marquant, utile et approuvé, et moins les coupables inspireront d'intérêt et trouveront d'imitateurs.

De deux choses l'une, ou cette réunion est dangereuse ou elle ne l'est pas : si elle ne l'est pas, pourquoi la défendre ? si elle est dangereuse, on n'a pu en apercevoir le danger que par un délit, ou un commencement de délit ; or, dans ce cas, une simple dissolution ne suffit pas pour punir cette société, et l'on doit lui infliger un autre châtiment. De plus, cette réunion était aussi condamnable lors de sa formation, que trois ans après son établissement ; vous êtes donc coupables, vous, magistrats, qui avez laissé au crime trois ans d'impunité ? Mais, si vous n'avez trouvé ni crime, ni délit, ni commencement de délit, pourquoi troubler une réunion paisible de citoyens, qui ne porte aucune atteinte à la tranquillité publique, à la sûreté de l'Etat, et aux droits de l'autorité ? Mais, direz-vous, l'article 291 du Code pénal détermine et proscrit ces réunions ; oui, mais il en est de cet article comme de beaucoup d'autres, qui ne servent qu'à donner une latitude aux magistrats pour atteindre les choses nuisibles ou dangereuses à la société, mais qui, pris au pied de la lettre, sont ridicules ou inexécutables. Ceux même qui ont provoqué cette mesure contre une réunion de citoyens, savent bien qu'elle est illusoire, et qu'elle n'empêchera pas tous les membres qui composent cette société de se réunir, soit en mettant plus de secret dans leur réunion, soit en consentant, (ce qui est très-probable) à se laisser condamner individuellement et alternativement à l'amende prescrite par l'article précité, amende qui sera votée par tous les membres de la société, et qui autorisera, pour ainsi dire, leur réunion, puisqu'ils auront acquis le droit, en payant, d'être coupables aux yeux de la loi. Il était bien plus simple, bien plus prudent, ce me semble, de laisser à cette réunion toute la latitude possible, et de ne la gêner en rien. Par-là, on lui donnait moins d'importance et de célébrité, on épiait plus facilement tous ses mouvemens, on était plus à même de les arrêter, s'ils devenaient dangereux, et de les punir, s'ils devenaient coupables.

Poussons plus loin l'examen de cette société, à laquelle on se plaît à donner tant de pouvoir dans les affaires politiques, et surtout tant d'influence dans les élections : il me semble que cette assertion est fausse et outrageante pour la nation. En effet, de quel droit une société quelconque viendrait-elle indiquer ou prescrire les choix que nous devons faire? de qui a-t-elle mission? et quelle garantie offre-t-elle? Si le gouvernement lui-même, avec tout son pouvoir, si les ministres, avec tous leurs moyens de séduction et de récompenses, n'ont pu parvenir à faire nommer ceux que leur affection ou leur intérêt appelaient à la représentation nationale; comment supposer qu'une simple réunion d'individus puisse exercer plus de pouvoir sur la détermination de leurs concitoyens, et influencer leurs choix.

Si des citoyens, désignés pour être élus députés par cette société, que vous appelez *comité directeur*, ont été nommés par les départemens, cette nomination n'est nullement l'ouvrage d'une direction étrangère, elle est le résultat de la réflexion et du choix volontaire des électeurs français, qui ne se laissent ni influencer par les promesses, ni intimider par les menaces, et qui ne reconnaissent d'autre pouvoir auquel ils doivent obéir, que la loi. C'est donc à tort si une réunion quelconque tire vanité des nominations qui ont été faites, et s'applaudit de son influence; car, ce qu'elle a pu faire pour un département, elle aurait également pu l'entreprendre pour les autres; ainsi ces réunions ou ces comités n'ont pas plus mérité la gloire d'un succès que la honte d'une défaite.

Dans les départemens l'opinion est fortement

prononcée, les institutions justes et libérales sont devenues le vœu de tous les cœurs, et le but de tous les efforts ; ils choisiront donc toujours, pour les représenter, des citoyens dont les vues seront conformes aux leurs, et dont la conduite jusqu'à ce jour sera une garantie de celle qu'ils tiendront pour l'avenir. C'est donc en vain, qu'on viendrait leur présenter des individus qui n'ont aucun titre à leur choix et aucun droit à leur confiance. L'influence qu'on suppose à la Société des amis de la liberté de la presse, est nulle ; la crainte qu'elle inspire, ridicule ; et la mesure prise contre elle, peu sage et vexatoire.

Si on examine avec calme et attention toutes les sociétés politiques qui se sont formées depuis quelque temps dans Paris, et dont l'existence inspire tant de terreur, on sera convaincu que, semblables aux faux dieux, elles n'ont de pouvoir que celui que l'imagination leur prête ; car ce qu'on y dit, ce qu'on y fait, on le dit, on le fait ailleurs, et les choses n'en suivent pas moins leur marche et leur cours ordinaire. C'est donc à tort que l'autorité s'inquiète et qu'elle cherche à punir.

En général, ces coteries, ces réunions, ces sociétés, ces comités plus ou moins secrets, dont les couleurs et les nuances sont différentes, qui se déchirent les uns les autres, et qui se croient une importance exclusive parce qu'ils se jugent eux-mêmes, ont pour prétexte l'amour du bien public, et pour moteur la vanité. Ils ont seuls, à les en croire, le talent de bien gouverner, et sont semblables à ces agronomes de cabinet qui sèment du blé dans des pots, et apprennent ensuite à nos agriculteurs, dans des mémoires très-savans, l'art de le cultiver.

L'aspect du danger rend prudent; mais, dès que le calme renaît, on s'empresse de montrer son dévouement, on s'énorgueillit de son courage; et tel a refusé d'assister à un dîner, dans la crainte de se compromettre, qui, aujourd'hui, s'énorgueillit de son audace et de son caractère; tel qui prône partout son énergie et son patriotisme, qui crie contre la réaction et les jugemens iniques, a méconnu, délaissé son ami dans les fers, a refusé des consolations à sa famille désolée, a tourné la tête à l'aspect de son épouse en pleurs; une crainte honteuse et déshonorante l'a empêché de lui adresser des paroles de consolation et de s'attendrir sur sa douleur; tel aujourd'hui se présente comme le champion des libertés attaquées, le redresseur de tous les torts, le protecteur et le consolateur des victimes du pouvoir, qui se trouvait alors entouré d'illustres malheureux, réclamant en vain ses bons offices. Dans ces momens de troubles et d'orages, dont l'époque est peu éloignée, on vit un militaire, juge aussi courageux qu'intègre, sauver, par son noble dévouement, deux des plus illustres guerriers dont la France s'honore, et n'obtenir pour récompense que l'honneur de perdre sa place et d'attacher son nom aux leurs; on ne fit rien pour lui. En Angleterre, ce généreux citoyen eût obtenu une statue et les honneurs du triomphe. Ces sociétés sont donc loin d'avoir l'influence qu'on leur prête et le pouvoir qu'on leur suppose; elles ne sont, politiquement parlant, ni utiles ni dangereuses. Cependant, elles présentent divers points de vue sous lesquels on peut les envisager.

Sous le premier rapport, c'est une réunion d'individus dont les uns apportent leur suffisance, les autres leur inutilité; ceux-ci leurs regrets, ceux-là leurs espérances, et tous un motif d'intérêt personnel. C'est là qu'on rencontre, comme ailleurs, des gens qui sont des ingrats et qui se croient des victimes, des gens qui dédaignent les dignités et qui courent après, des gens qui sont courageux dès que le danger cesse, des gens pour lesquels la haine est un besoin, la vengeance un plaisir, et qui lancent autour d'eux le fiel qui les dévore. C'est encore là qu'on rencontre également de grands seigneurs qui viennent se faire oublier, et ajouter à leurs titres de gloire celui de la popularité; ils saluent les premiers, sourient avec bonté, parlent avec bienveillance, vous serrent la main avec affection : on ne se douterait jamais que c'est l'orgueil sous le manteau de la modestie. On y rencontre encore de ces orateurs qui sont tout dévoués à la chose publique, et qui, depuis long-temps, lui ont fait le sacrifice de leurs poumons. Ces nouveaux Démosthènes répètent tous les jours qu'ils ne veulent pas de places, à ceux qui n'en donnent pas, et qu'ils agissent *gratis* en l'honneur de la patrie. Comme ils sont heureux depuis la formation de ces nouveaux comités! ils n'ont plus la peine de courir après leurs connaissances, de les arrêter dans les rues, dans les promenades, dans les spectacles, de les serrer contre une borne, contre un arbre, ou dans une embrasure, pour se faire écouter; maintenant, ils sont moins à fuir, on peut même les quitter quand on veut, sans craindre pour les revers de son habit; souvent ils se contentent de vous sourire de loin, en vous disant, d'un air aimable : A ce soir. Le soir arrive enfin, et c'est pour eux la plus belle heure du jour; ils entrent alors dans le salon, où un murmure flatteur les annonce. Là, le dos courbé, l'œil caressant, ils laissent échapper un regard patelin et satisfait sur la nombreuse assistence, pour la remercier d'un accueil si bienveillant. L'impatience de l'assemblée les appelle au fauteuil, qu'ils brûlent d'occuper. La séance s'ouvre ; ils ont la parole, et voilà l'instant de leur triomphe! Alors, la France est sauvée ou perdue, le ministère est ébranlé ou plus consolidé que jamais, la paix ou la guerre sont inévitables, et ils terminent leur éloquent discours en proclamant que la réunion dont ils sont les organes, a bien mérité de la patrie, et qu'elle vient de lui rendre les plus éminens services. Mon orateur quitte alors le fauteuil, se dérobe à la gloire en traversant l'assemblée, qui l'accable d'applaudissemens, et va se coucher sur ses lauriers, savourer dans le silence des nuits son triomphe et sa gloire; et c'est là qu'il médite encore, pour la séance prochaine, de nouveaux moyens pour sauver la patrie. Cependant toutes les séances ne sont pas également intéressantes ; car il en est de même qu'à l'Académie, on n'a pas tous les jours de l'esprit.

Nous venons d'envisager ces réunions sous leur aspect le moins avantageux ; considérons-les maintenant sous un autre point de vue, et choisissons celui qui peut leur être le plus favorable. Prenons pour exemple celle de ces sociétés dont les intentions sont les plus pures, les motifs les plus louables, et le but le plus honorable. Tout en reconnaissant le mérite et les qualités de chacun des membres qui la composent, leurs droits à l'estime publique ou à la reconnaissance nationale, nous ne pouvons cependant que blâmer leurs fréquentes réunions.

Une association, en général, s'isole, pour ainsi dire, de ceux qui n'en font pas partie ; elle a un esprit de corps qui la rend plus sensible aux revers ou aux triomphes de ses membres, qu'à ceux des autres citoyens : attaquer un des sociétaires, c'est déclarer la guerre aux autres, qui prennent de suite fait et cause pour lui, et cette société n'est plus alors qu'une association politique d'assurance en faveur de ceux qui la composent. Dans l'origine de ces réunions, il y a plus d'abnégation de soi-même, plus d'abandon ; on éprouve plus vivement le besoin d'être utile aux autres, et on est réellement généreux; mais, plus tard, l'égoïsme s'en mêle, ce *moi* a plus d'empire sur les esprits, et cette société, devenue une congrégation, n'agit alors que pour elle-même. C'est ainsi que les institutions les plus recommandables en apparence, deviennent inutiles et quelquefois dangereuses.

Une société qui s'institue pour être la sauvegarde des citoyens, et qui vient se placer, pour ainsi dire, entre eux et l'autorité, peut avoir de très-bonnes intentions, sans doute, mais les résultats sont loin d'y répondre : car, au lieu de faire naître ou d'entretenir l'esprit national, on encourage et on fait éclore l'esprit de coterie; au lieu de réunir et de rallier au Gouvernement, on tend au contraire à en éloigner, en n'indiquant jamais que ses fautes ou ses erreurs. Chacun des membres apporte encore en tribut à la société dont il fait partie, la masse de son mécontentement et de ses griefs; et ces plaintes, plus ou moins fondées, se joignant à la masse générale, fermentent, s'entretiennent, et reculent toujours cet oubli du passé, si nécessaire après les révolutions.

Nous avons dit précédemment que ces sociétés n'étaient point dangereuses; nous persistons encore dans cette croyance, malgré le tableau que nous venons d'en tracer; car, par danger, nous entendons périlleuse pour la tranquillité publique ou pour la sûreté de l'État; et il y a une différence entre ne pas concourir à l'élévation d'un édifice, ou tendre à le renverser.

Tout en blâmant la formation de ces sociétés, tout en faisant des vœux pour leur dissolution, nous voyons avec peine qu'on sévit contre elles, parce que c'est un moyen de prolonger leur existence.

Nous sommes loin d'exiger une approbation servile à tous les actes de l'autorité : sans doute il faut éclairer l'opinion publique; sans doute il faut que nous ayons des citoyens courageux, qui, placés en sentinelles avancées, veillent sur nos intérêts les plus chers, soient pour nous les garants qu'aucun n'empiétera sur nos droits; il faut que leurs regards inflexibles et pénétrans, que leur imposante fermeté, fassent pâlir quiconque chercherait à y porter atteinte; il faut que la noblesse de leur caractère, que la force entraînante de leur mâle éloquence inspire la confiance et l'espoir aux bons citoyens, la terreur et l'effroi aux méchans. Mais pour remplir dignement cette tâche, il faut des talens distingués et des vertus peu communes. C'est en vain qu'on voudrait, boursouflé du fiel du ressentiment, armé du fouet de la satire, blâmer et censurer sans examen tout ce qui s'offre à la discussion ; cette âpreté de caractère, ces formes acerbes, cette roideur, cette brusquerie, ne sont pas toujours le type de la fermeté et d'une justice sévère, et cachent souvent plus d'orgueil que de bonnes intentions. Il est vrai que ces éclats d'une vertu bruyante peuvent un instant séduire la multitude, qui juge à la tribune comme au théâtre, du mérite d'un orateur ou d'un acteur par le bruit qu'il y fait. Mais cette renommée n'est que passagère, l'illusion cesse, le charme s'évanouit, l'enthousiasme s'éteint, et la réflexion détruit bientôt cette réputation usurpée. Pour nous, ce faux dévouement ne peut nous séduire : nous savons distinguer la fureur du courage, l'amour de la patrie, de l'amour personnel ; la provocation généreuse et la lutte honorable, du sarcasme et de la calomnie. La véritable fermeté, celle qui est déterminée par l'examen et la réflexion, guidée par la justice et la raison, est noble, calme et sans orgueil ; elle ne cherche point son énergie dans la colère, et ne se fâche jamais pour se faire apaiser. Mais malheureusement l'amour de la célébrité nous aveugle, l'esprit de parti nous conduit; nous nous croyons d'une probité plus sévère que les autres, parce que nous ne pensons pas comme eux; nous nous croyons du courage parce que nous résistons, sans danger, au pouvoir du jour, que nous humilions plus par orgueil que par amour du bien public; nous nous croyons l'objet de tous les regards, le point de mire général, la sauve-garde de l'Etat, parce que notre coterie nous applaudit, nous prône et nous encourage; nous nous croyons grands et généreux enfin, parce que nous mettons sur le compte de la patrie, et les sacrifices qui nous sont imposés, et nos actions soi-disant généreuses, mais guidées par notre intérêt personnel; et, fiers de ces nobles titres, nous envoyons aussitôt la Renommée publier notre dévouement, et nous en mendions le salaire.

Oublions donc nos dissensions politiques; et, loin de les réveiller et de les entretenir, cherchons au contraire les moyens de les éteindre et de les faire disparaître; que les diverses opinions, que les intérêts personnels, que les bigarrures des affections particulières s'évanouissent pour toujours, et fassent place à de plus nobles sentimens; que la patrie soit notre idole, sa gloire le constant objet de nos vœux et le but de tous nos efforts ; réunissons-nous tous, et ne formons plus qu'un seul faisceau ; n'ayons plus désormais d'autres ennemis, que ceux qui chercheraient à nous diviser, en rappelant nos fautes ou nos malheurs passés ; que le titre de Français soit toujours un titre d'orgueil pour nous, et que le cachet de l'infamie soit empreint sur le front de quiconque chercherait à l'avilir : par ce moyen, nous conserverons la place qui nous est due parmi les peuples du monde, et nous serons toujours la grande nation.

IMPRIMERIE DE BAUDOUIN FILS,
RUE DE VAUGIRARD, N° 36.

www.ingramcontent.com/pod-product-compliance
Lightning Source LLC
LaVergne TN
LVHW010256230826
846091LV00007B/3007

* 9 7 8 2 0 1 2 4 7 5 3 2 8 *